# UNA FRUTA ES UNA MALETA PARA LAS SEMILLAS

por Jean Richards

Ilustrado por
Anca Hariton

Millbrook Press • Mineápolis

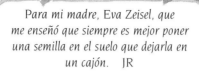

*Para mi madre, Eva Zeisel, que me enseñó que siempre es mejor poner una semilla en el suelo que dejarla en un cajón.* JR

*Para mi padre, que me compró mis primeras pinturas, y para la querida Jean Reynolds, quien confió que este libro cobraría vida con amor.* AH

Millbrook Press™
Una impresión de Lerner Publishing Group, Inc.
241 First Avenue North
Mineápolis, Minnesota 55401 EE. UU.

Para consultar los niveles de lectura y más información, busque este título en www.lernerbooks.com.

Fuente del texto del cuerpo principal: ITC Novarese Std.
Fuente proporcionada por Adobe Systems.

Library of Congress Cataloging-in-Publication Data

The Cataloging-in-Publication Data for *Una fruta es una maleta para las semillas* is on file at the Library of Congress.
ISBN 979-8-7656-1168-5 (pbk.)
ISBN 979-8-7656-1960-5 (epub)

Fabricado en Estados Unidos de América
1-1009436-51786-5/18/2023

La mayoría de las plantas tiene semillas.

Cuando pones una semilla en la tierra y la riegas,

de ella crece una nueva planta.

Con frecuencia, las semillas llegan a lugares alejados.
Si las semillas no viajaran, crecerían demasiadas plantas en
un lugar. ¡Estaría repleto!

A algunas semillas las lleva el viento.

A algunas semillas las lleva el agua.

Muchas semillas viajan dentro de las frutas.

La fruta es como una maleta para las semillas.
Las protege durante el viaje.

Las frutas se ven hermosas y tienen buen sabor, por eso los animales y las personas las comen . . .

. . . y dejan caer las semillas en diferentes lugares.

CEREZA

CIRUELA

DURAZNO

DAMASCO

AGUACATE

Algunas frutas tienen una semilla grande en su interior.
Esta semilla se llama carozo.

La cereza es una de estas frutas.

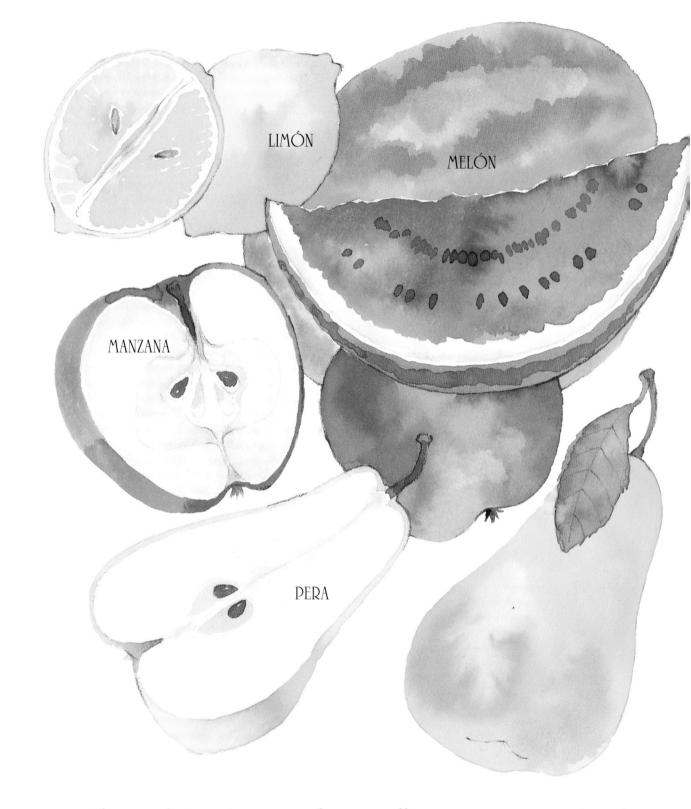

LIMÓN

MELÓN

MANZANA

PERA

Algunas frutas tienen muchas semillas pequeñas en su interior.

La manzana es una de estas frutas.

BANANA

KIWI

ARÁNDANO

Algunas frutas tienen muchas, muchas semillas
diminutas en su interior.

El kiwi es una de estas frutas.

¡Muchas frutas del bosque, como las frutillas y las zarzamoras, tienen las semillas en su exterior!

Las frambuesas también.

CALABAZA
MOSCADA

PEPINO

BERENJENA

PIMIENTO

TOMATE

ACEITUNA

GUISANTES
VERDES

CALABAZA BELLOTA

Algunas verduras que comemos en realidad son frutas.
También tienen semillas.

Los guisantes son semillas.

¿Puedes encontrar las semillas en esta
mazorca de maíz?

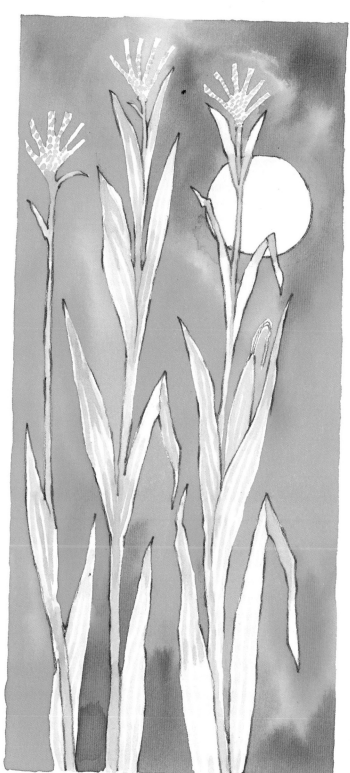

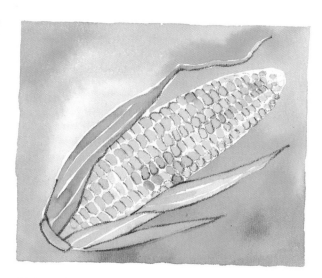

Pista: Es la parte que comes.

Apuesto a que no sabías que cada vez que comes
un durazno, una cereza, un aguacate, una ciruela,
un pepino, un tomate, una uva,

una manzana, una naranja, un guisante, una pera,
un melón, una banana o un arándano,

en realidad, estás comiendo una maleta . . .

. . . ¡una maleta para las semillas!

# Preguntas y respuestas para
# Una fruta es una maleta para las semillas

---

**P:** ¿Cuál es la diferencia entre una fruta y una verdura?

**R:** Las frutas y las verduras son partes de plantas. Una verdura puede ser la hoja (espinaca), la raíz (zanahoria) o incluso la flor (brócoli). Una fruta (manzanas, cerezas, duraznos) es la parte de la planta que tiene las semillas. Pero algunas verduras tienen semillas también (como los pepinos, los tomates, los pimientos verdes). ¿Estas verduras son en realidad frutas? No hay una respuesta clara a esta pregunta. ¡Quizás debamos pensarlas como ambas cosas!

**P:** ¿Todas las frutas provienen de las flores?

**R:** Sí. Todas las frutas se desarrollan a partir de las flores. Eso es verdad también en el caso de las verduras que tienen semillas.

**P:** ¿Por qué las semillas no crecen en tu estómago?

**R:** Las semillas pequeñas que tragas cuando comes un tomate o una rodaja de pepino no pueden crecer dentro de ti. Las semillas necesitan tierra, agua, luz y aire para crecer. No pueden obtener esas cosas dentro de una persona. Las semillas que comes salen de tu cuerpo cuando vas al baño.

**P:** ¿Cuál es la semilla más grande del mundo?

**R:** La semilla más grande pesa casi tanto como un niño de cinco años (unas 45 libras o 20 kilogramos). Crece en una palmera especial llamada lodoicea maldívica o coco de mar.

P: ¿Cuál es la semilla más pequeña del mundo?

R: Las semillas más pequeñas pertenecen a la familia de las orquídeas. Son tan diminutas que apenas puedes verlas. Un millón de estas semillas pesa lo mismo que una uva.

P: ¿Las semillas grandes dan lugar a plantas grandes o árboles, y las semillas pequeñas a plantas pequeñas?

R: No. El tamaño de la semilla no tiene importancia. El árbol más grande del mundo, la secuoya gigante, que alcanza la altura de un edificio de treinta pisos, crece a partir de una semilla que es más pequeña que la cabeza de una hormiga.

P: ¿Se puede hacer crecer una planta a partir de una semilla en casa?

R: Por supuesto. Toma una maceta llena de tierra, colócala sobre un platillo, e inserta una semilla en la tierra con el dedo. Vierte un poco de agua encima y ubícala en un lugar soleado. Agrega agua cada un par de días así no se seca.

Las semillas que brotan con facilidad son los frijoles secos de cualquier tipo o las semillas de cítricos, como naranjas, pomelos o limones. Asegúrate de juntar las semillas gordas de los cítricos y déjalas secar durante una semana más o menos antes de plantarlas. Los frijoles brotan en unos pocos días. Las semillas de cítricos tardan dos o tres semanas.

Consejo útil: Si no tienes patio de donde sacar tierra, puedes comprar una bolsa de tierra para macetas en la tienda.

Si deseas ver cómo brota una semilla, coloca unas pocas lentejas secas sobre un algodón húmedo en un bol o platillo. Cúbrelo con un envoltorio plástico y colócalo en el alféizar. En unos pocos días, cuando las raíces pequeñas y los tallos verdes diminutos comiencen a crecer, puedes plantar las plantitas (¡la raíz hacia abajo!) en una maceta, igual que las semillas de cítricos o los frijoles.

Luego solo siéntate a esperar.

# Acerca de la autora
# y la ilustradora

La actriz Jean Richards ha estado relacionada con los libros
para niños no solo como escritora, sino también como intérprete.
Ha grabado más de doscientas cintas y grabaciones para niños.
Jean Richards, residente de la ciudad de Nueva York, participó en las
producciones de Broadway *Fiddler on the Roof* y *The Rothschilds*.

Anca Hariton estudió arquitectura en la Universidad de Bucarest,
una profesión que aún pone en práctica cuando no está ilustrando libros
para niños. Anca Hariton vive en Richmond, California.